AF325086

RUDIMENT MUSICAL.

Musique imprimée

PAR LES PROCÉDÉS DE TANTENSTEIN ET CORDEL,

90, rue de la Harpe.

PARIS. — TYPOGRAPHIE DE FIRMIN DIDOT FRÈRES,

RUE JACOB, 56.

RUDIMENT MUSICAL

OU EXPOSÉ

DES PREMIERS ÉLÉMENTS

DE LA MUSIQUE,

SUIVI

DE SOLFÉGES FACILES ET PROGRESSIFS,

A l'usage des Maisons d'éducation ;

PAR ED. MILLAULT,

De la musique du Roi, de l'Académie royale de musique, Membre de la Société
des concerts, Maître de musique du petit Séminaire de Paris.

Ouvrage adopté pour l'enseignement de la musique
au petit Séminaire de Paris.

PARIS,

JACQUES LECOFFRE ET Cie, LIBRAIRES,

RUE DU VIEUX-COLOMBIER, 29.
Ci-devant rue du Pot de Fer Saint-Sulpice, 8.

1847.

PRÉFACE.

En composant cet ouvrage, mon but a été de faire sur les éléments de la musique un traité aussi peu volumineux que possible, et qui contînt cependant tout ce qu'il est nécessaire de savoir pour devenir bon lecteur. Il me semble qu'en général les bons ouvrages qu'on a faits sur cette matière sont peu propres à être mis dans les mains de tous ceux qui apprennent la musique, soit à cause de leur étendue, soit à cause de leur prix élevé : aussi, ai-je pensé servir l'art en publiant ce petit livre.

Pour me renfermer dans les limites que je m'étais imposées, j'ai eu le soin de laisser de côté tout ce qui a rapport à l'histoire de la musique, à l'acoustique, à l'harmonie ou à la composition; de même que j'ai passé sous silence certaines choses qu'il m'a paru peu important de mentionner, telles que, par exemple, certaines abréviations et certains signes d'expression.

On rencontrera, dans le courant de cet ouvrage, des comparaisons que l'on trouvera peut-être un peu puériles, mais que je n'ai pas craint cependant d'employer, m'adressant principalement aux élèves des maisons d'éducation, et par conséquent à de jeunes intelligences.

J'ai terminé par quelques solféges, et j'ai choisi pour les derniers, afin de les rendre plus intéressants, des motifs de compositeurs célèbres.

Ed. Millault.

RUDIMENT MUSICAL.

CHAPITRE Ier.

DES NOTES, DE LA PORTÉE ET DE LA GAMME.

On emploie pour représenter les sons une figure que l'on appelle *note*.

La note se place sur la portée.

On appelle *portée* cinq lignes parallèles tracées horizontalement. Les notes se placent sur les lignes et dans les interlignes de cette portée. La ligne du bas est la première.

Notes sur les lignes de la portée.

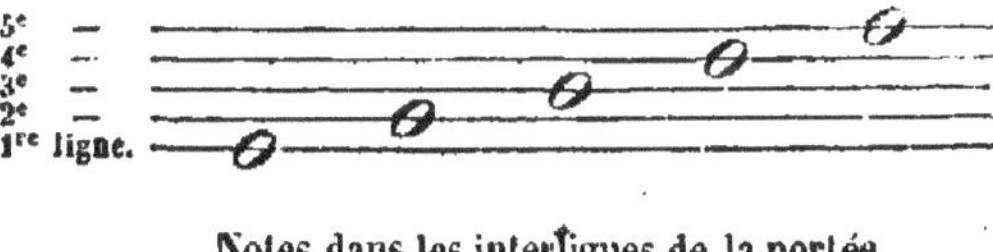

Notes dans les interlignes de la portée.

Le son est plus ou moins grave, plus ou moins aigu, selon que la note est placée sur la portée plus ou moins bas, plus ou moins haut.

La note change de nom en changeant de place sur la portée. Elle a sept noms différents, qui sont : UT ou DO, RÉ, MI, FA, SOL, LA et SI. Ces différentes dénominations forment ce que l'on appelle *les sept notes de la Musique*.

Ces notes, disposées dans l'ordre où l'on vient de les placer, constituent ce qu'on appelle *la gamme*, UT étant la note la plus grave, RÉ venant après, et ainsi de suite jusqu'à SI, qui est la note la plus élevée.

Pour monter plus haut que SI, on reprend les noms des notes, UT, RÉ, MI, etc., et les sons qu'indiquent ces notes ont une telle analogie avec les premiers sons qu'ils semblent être les mêmes : ils ne sont en effet que la répétition des premiers sons, et il n'y a entre eux que ce qu'on appelle la différence d'une octave. C'est ainsi qu'en renouvelant les notes toujours dans le même ordre, on peut arriver aux sons les plus aigus. On arrive également aux sons les plus graves en renouvelant les notes dans l'ordre inverse.

Ordre des notes en montant :

DO, RÉ, MI, FA, SOL, LA, SI.

Ordre des notes en descendant :

SI, LA, SOL, FA, MI, RÉ, DO.

Quand les notes se suivent dans l'ordre de la gamme, cela s'appelle procéder par degrés conjoints.

CHAPITRE II.

DE LA CLEF.

La clef est une figure que l'on place sur les lignes de la portée.

Il y a trois clefs, qui sont : la *clef de* SOL (en voici la forme &), la *clef d'*UT (en voici la forme), et la *clef de* FA (en voici la forme .)

La clef donne son nom de SOL ou d'UT ou de FA à la note placée sur la même ligne qu'elle.

Exemple :

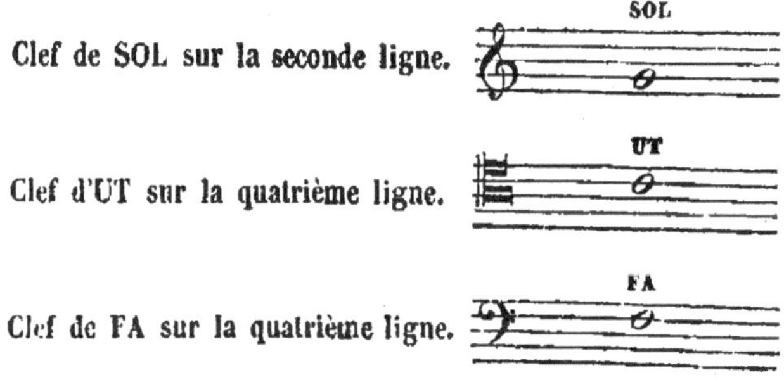

La note placée sur la même ligne que la clef étant une fois connue, on connaît toutes les autres, par la raison que les notes sur la portée doivent se suivre alternativement de ligne en interligne pour représenter les sons se succédant dans l'ordre ordinaire de la gamme.

Ainsi, cette note étant SOL, celle-ci qui est un degré plus haut, doit être LA, et celle-là qui est un degré plus bas, doit être FA.

La clef de SOL est la plus usitée : c'est d'elle qu'on se sert en premier lieu pour apprendre à chanter.

Notes sur la clef de SOL.

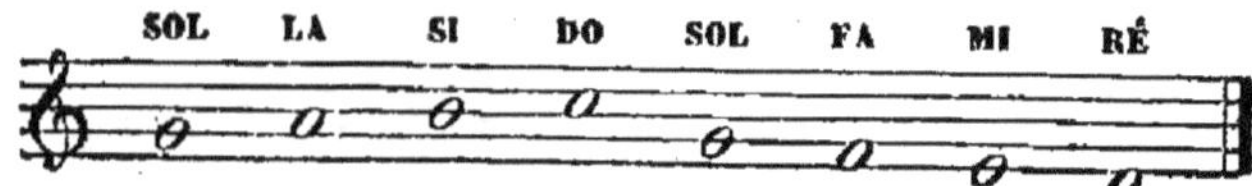

Lorsque les lignes de la portée sont insuffisantes pour recevoir les notes graves ou aiguës, on ajoute à la portée de petites lignes qu'on appelle *lignes supplémentaires*, et sur lesquelles et entre lesquelles on place ces notes. C'est ainsi que pour écrire le DO grave à la clef de SOL sur la deuxième ligne, on est obligé d'employer une petite ligne supplémentaire.

Exemple :

Gamme sur la clef de SOL.

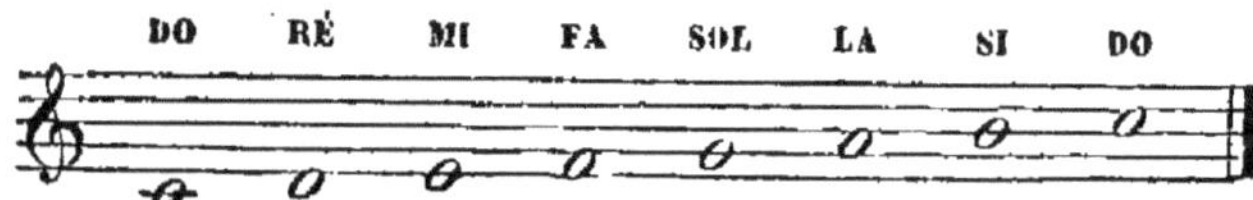

La clef la plus usitée après la clef de SOL est la clef de FA.

Notes sur la clef de FA.

Il faut remarquer que le FA de la clef de FA, c'est-à-dire celui de la ligne sur laquelle cette clef est placée, n'est pas le même son que le FA placé entre la première et la seconde ligne de la clef de SOL sur la seconde ligne, mais un son à une octave plus bas.

Au moyen de la clef de SOL et de la clef de FA, on peut écrire toutes les notes de l'échelle musicale, c'est-à-dire tous les sons appréciables, tant au grave qu'à l'aigu.

Gamme de quatre octaves écrite au moyen de la clef de SOL et de la clef de FA.

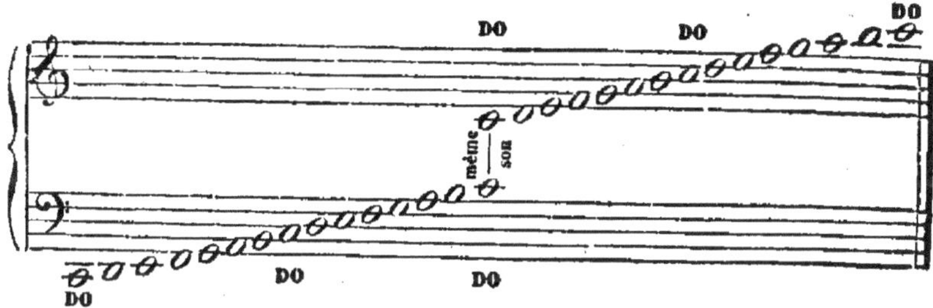

L'UT d'une clef d'UT, c'est-à-dire celui de la ligne sur laquelle cette clef est placée, est le même son que l'UT grave de la clef de SOL.

Mêmes sons.

CHAPITRE III.

DES VALEURS *ou* DE LA DURÉE DES NOTES.

La place de la note sur la portée fait connaître, comme on l'a vu, le nom qui lui appartient et son degré d'élévation, mais elle ne fait pas connaître sa durée. Pour indiquer la durée des notes, on donne aux notes différentes physionomies ou modifications dans la forme qui reçoivent les dénominations de *ronde*, *blanche*, *noire*, *croche*, *double-croche*, *triple-croche*, *quadruple-croche*.

Les différentes durées des notes s'appellent *valeurs*.

Figures des valeurs.

La Ronde . . . . *o*

La Blanche . . . .

La Noire . . . .

La Croche . . . .

La Double-Croche . . . . .

La Triple-Croche . . . . .

La Quadruple-Croche . . . .

La *ronde* est la plus longue des valeurs, c'est-à-dire celle qui a le plus de durée ; après elle vient la *blanche*, puis la *noire*, puis la *croche*, etc.

Pour bien comprendre le rapport des valeurs entre elles, il faut bien se souvenir de cette succession : *ronde*, *blanche*, *noire*, *croche*, *double-croche*, *triple-croche*, *quadruple-croche*, et savoir que chacune de ces valeurs vaut moitié moins , c'est-à-dire a une durée moitié moins longue que celle qui la précède. Ainsi, la *blanche* vaut moitié moins que la *ronde*, la *noire* vaut moitié moins que la *blanche*, la *croche* vaut moitié moins que la *noire*, et ainsi de même jusqu'à la *quadruple-croche* ; autrement dit : la *ronde* vaut deux *blanches*, la *blanche* vaut deux *noires*, la *noire* vaut deux *croches*, et ainsi de même jusqu'à la fin.

D'après l'explication qui vient d'être donnée, on voit que, pour remplir en *blanches* l'espace de temps qu'occupera une *ronde*, il en faudra deux ; en *noires*, il en faudra quatre ; en *croches*, il en faudra huit.

Exemple :

Une *Ronde* . . . .

Même durée en *Blanches* . .

Même durée en *Noires* . . . .

Même durée en *Croches* . . .

OBSERVATION. Pour donner un exemple sensible de la durée relative des valeurs, supposons que la *ronde* ait la durée d'une heure : dans ce cas, la *blanche* vaudrait une demi-heure, la *noire* un quart d'heure, et la *croche* sept minutes et demie.

Plusieurs croches, doubles-croches, triples-croches et quadruples-croches de suite peuvent s'écrire ainsi :

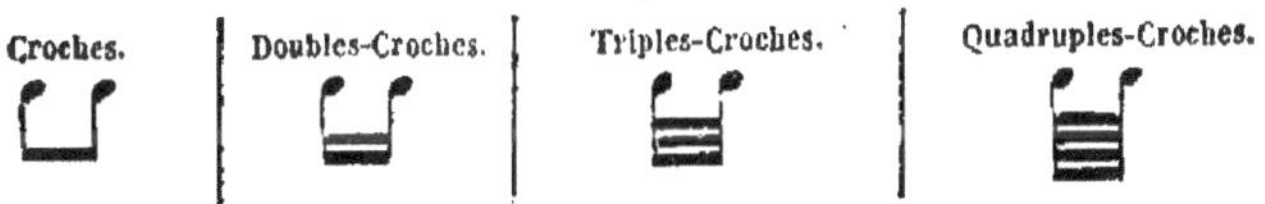

Les queues des notes se placent indifféremment en bas ou en haut. Exemple :

CHAPITRE IV.

DU POINT APRÈS LA NOTE.

Le point après la note ajoute à sa durée : il l'augmente de moitié. Ainsi la *blanche*, qui vaut deux *noires*, en vaut trois quand elle est suivie d'un point.

Exemple

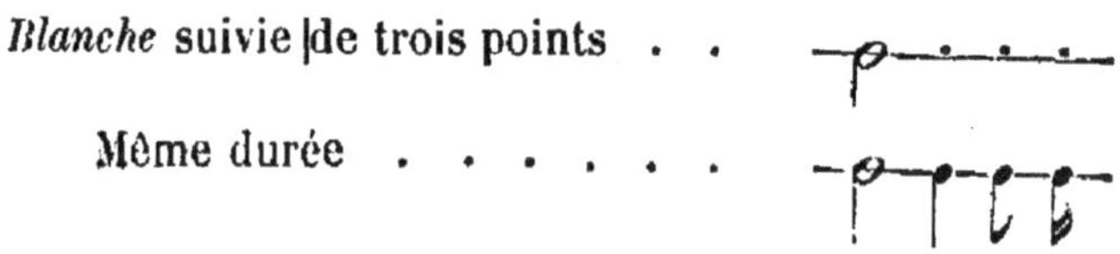

Blanche pointée . . . .

Même durée en *Noires* . . . . .

Noire pointée . . . .

Même durée en *Croches* . . . . .

Une note est quelquefois suivie de deux points et même de trois. Le second point augmente la durée de la note de la moitié de la valeur du premier point, le troisième l'augmente de la moitié de la valeur du second.

Exemple :

Blanche suivie |de trois points . .

Même durée . . . .

CHAPITRE V.

DES SILENCES.

Pour interrompre les sons, on emploie des signes qu'on appelle *silences*, et qui indiquent qu'il doit y avoir interruption dans les sons pendant un certain espace de temps.

Il y a autant de silences qu'il y a de différentes valeurs de notes.

Noms des silences, leurs figures et leur valeur ou durée.

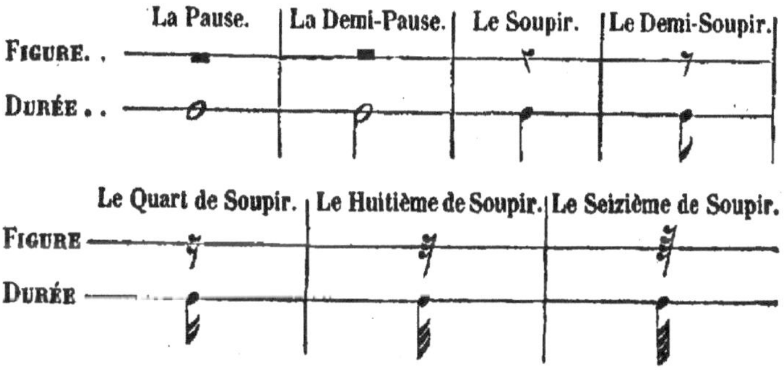

	La Pause.	La Demi-Pause.	Le Soupir.	Le Demi-Soupir.
FIGURE.				
DURÉE.				

	Le Quart de Soupir.	Le Huitième de Soupir.	Le Seizième de Soupir.
FIGURE			
DURÉE			

Il faut remarquer que la pause est non-seulement le silence d'une ronde, mais encore celui d'une mesure, quelle qu'elle soit. (On verra plus tard ce qu'on entend par *mesure*.) Le silence de deux mesures peut s'indiquer ainsi : ; et celui de quatre, ainsi :  (¹).

---

(1) Dans la musique ancienne, on rencontre des mesures dans lesquelles il entre deux rondes. Le silence d'une de ces mesures est le bâton de deux mesures, ainsi :

Les silences peuvent être suivis de points, et ces points produisent le même effet que ceux qui sont placés après les notes ; c'est-à-dire qu'ils prolongent la durée des silences de la même façon que les points, placés après les notes, prolongent la durée des notes. Ainsi, par exemple, le demi-soupir pointé a la durée d'une croche et d'une double-croche.

Le point ne s'emploie pas d'ordinaire après la pause, la demi-pause et le soupir (¹).

CHAPITRE VI.

DU TRIOLET.

Nous avons vu au chapitre des valeurs que chaque valeur se divise en valeurs plus petites toujours dans ce rapport : 2, 4, 8, 16, 32, 64. Néanmoins, par exception, il arrive quelquefois qu'une note se divise en trois parties au lieu de deux, et, dans ce cas, le groupe de trois notes substitué à celui de deux, reçoit le nom de *triolet*. La *noire*, par exemple, qui se divise ordinairement en deux croches, peut se diviser en trois croches, qui, à elles trois, n'ont pas plus de durée que les deux croches ordinaires.

On place le plus souvent au-dessus du triolet un 3, afin de le distinguer des valeurs ordinaires.

Le triolet en noires, comme voici : ―♩♩♩―, a donc la

---

(1) Dans la mesure à $\frac{12}{8}$, on emploie la demi-pause pointée pour le silence d'une demi-mesure.

valeur d'une blanche ; et le triolet en croches, comme
voici : ——, a la valeur d'une noire.

Chaque note du triolet peut se diviser en deux, ce
qui peut produire un groupe de six notes qu'on appelle
triolet double, et que l'on surmonte ordinairement
d'un 6.

Triolet en croches . . . .

Division en doubles-croches . . .

Durée. . . . .

CHAPITRE VII.

DU TON (INTERVALLE), DES ACCIDENTS, ET DES GAMMES
CHROMATIQUE ET DIATONIQUE.

Dans la gamme, telle que nous la connaissons déjà,
l'intervalle qu'il y a d'une note à la note voisine n'est pas
partout le même ; cet intervalle est quelquefois d'un ton,
quelquefois d'un demi-ton. Il y a ce qu'on appelle un *ton*
d'UT à RÉ, de RÉ à MI, de FA à SOL, de SOL à
LA, et de LA à SI. De MI à FA et de SI à UT, il
y a seulement l'intervalle d'un *demi-ton.*

Exemple:

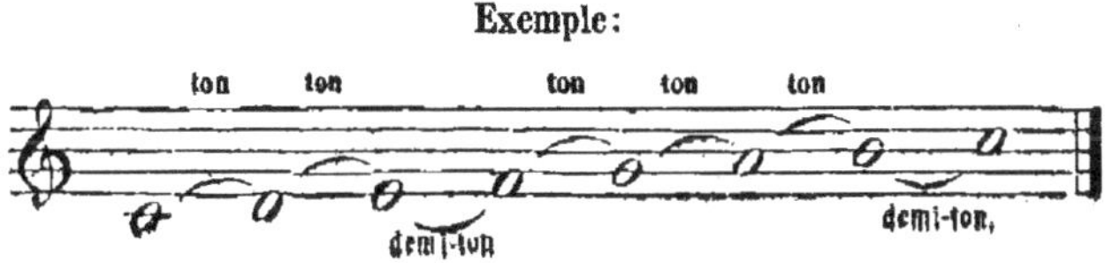

Le demi-ton est un intervalle moitié moins grand que le ton ; c'est le plus petit intervalle qu'il y ait en musique.

Le demi-ton étant bien appréciable et doux à l'oreille, par la raison qu'il existe naturellement dans la gamme, il arrive que les sons peuvent se succéder par demi-tons sans interruption, soit en montant, soit en descendant.

Pour arriver à écrire une succession de demi-tons, il a fallu trouver le moyen d'indiquer les sons qui tiennent le milieu entre les notes qui sont à un ton d'intervalle. Pour cela, on n'a pas introduit de nouvelles notes, on a seulement donné des modifications à celles qui existaient déjà ; on a inventé des signes, que l'on nomme *accidents*, et qui, placés devant la note, la haussent ou la baissent d'un demi-ton. Ces accidents sont : le dièse, dont voici la forme : ♯, et le bémol, dont voici la forme : ♭.

Ainsi le son qui tient le milieu entre UT et RÉ est UT ♯ ou RÉ ♭ ; celui qui tient le milieu entre RÉ et MI est RÉ ♯ ou MI ♭.

Progression de demi-tons par dièses.

Progression de demi-tons par bémols.

On voit apparaître dans cette dernière progression un nouvel accident (♮) que l'on appelle *bécarre*, et dont l'office est de remettre dans son ton primitif la note devant laquelle il se trouve, quand elle a été altérée par un dièse ou par un bémol.

Une succession de demi-tons comme celles que l'on vient de voir s'appelle *gamme chromatique*, et l'on nomme *gamme diatonique* celle qui procède par tons et demi-tons, comme cela a lieu dans la gamme où toutes les notes sont naturelles (¹).

On fait quelquefois usage de ce signe ✗ qu'on appelle *double-dièse*, et de cet autre ♭♭ qu'on appelle *double-bémol*. Le double-dièse sert à hausser de deux demi-tons la note devant laquelle il se trouve, et le double-bémol sert à la baisser de deux demi-tons.

OBSERVATION. Pour bien comprendre l'effet des accidents, il faut ne pas oublier que, dans l'état primitif des notes, il y a *demi-ton* de *mi* à *fa* et de *si* à *ut*. Ainsi, d'*ut* à *ré*, où il se trouve un ton d'intervalle, on peut placer une note intermédiaire qui est *ut* ✗ ou *ré* ♭, tandis que de *mi* à *fa*, où il ne se trouve qu'un demi-ton, il ne peut pas y avoir de note intermédiaire: *mi* ✗ serait le même son que *fa* naturel, et *fa* ♭ serait le même son que *mi* naturel.

Il est d'autant plus nécessaire de se souvenir de la place des demi-tons dans les notes naturelles, que, sur le papier, on n'y remarque aucune différence entre les tons et les demi-tons; ainsi à l'œil il n'y a pas plus d'intervalle, par exemple, entre *ré* et *mi* qu'entre *mi* et *fa*, et cependant il existe un ton d'intervalle entre *ré* et *mi*, tandis qu'il n'y a qu'un demi-ton de *mi* à *fa*.

---

(1) On appelle *notes naturelles* celles qui ne sont altérées ni par un dièse ni par un bémol.

CHAPITRE VIII.

DE LA MESURE.

On entend par la mesure, en général, l'uniformité, la régularité de mouvement qui doit exister dans l'exécution d'un morceau de musique. Pour obtenir cette mesure, on a imaginé de diviser le morceau en petites portions égales dans leur durée. Ces petites portions ou divisions s'appellent *mesures*, et sont indiquées par de petites lignes qui traversent la portée perpendiculairement, et que l'on appelle *barres de séparation*. Chacune de ces mesures est composée de plusieurs divisions d'une égale durée que l'on appelle *temps*.

Il y a des mesures à deux, à trois et à quatre temps.

Au commencement d'un morceau de musique, le compositeur indique la valeur que devra avoir chaque mesure au moyen de chiffres [1]. Ces chiffres représentent les fractions de la ronde qui est considérée comme l'unité. Ainsi,

$\frac{2}{4}$ signifie *deux quarts de ronde*, c'est-à-dire *deux noires;*

$\frac{3}{8}$ signifie *trois huitièmes de ronde*, c'est-à-dire *trois croches;*

$\frac{12}{8}$ signifie *douze huitièmes de ronde*, c'est-à-dire *douze croches.*

De plus, le premier chiffre indique la quantité de temps qui entre dans chaque mesure, quand ce chiffre est un 2, un 3 ou un 4. Si le premier chiffre est un 6, ou un 9, ou un 12, avec 6 la mesure est à deux temps, avec 9 elle est à trois temps, et avec 12 elle est à quatre temps.

---

(1) Pour certaines mesures, les chiffres peuvent être remplacés par ces signes : C, ₵.

Les mesures dont l'indication porte pour premier chiffre un 6, un 9 ou un 12 s'appellent *mesures compo-sées*; elles dérivent de celles dont l'indication porte pour premier chiffre un 2, un 3 ou un 4, et qu'on appelle *mesures simples*.

La mesure composée est le résultat d'une troisième note ajoutée aux deux qui composent le temps de la mesure simple; c'est pour ainsi dire l'adoption continue d'un triolet par chaque temps de la mesure simple. Ainsi la mesure à $\frac{2}{4}$, qui a deux croches pour chaque temps, a pour mesure composée la mesure à $\frac{6}{8}$ qui en a trois.

Tableau des Mesures simples et composées usitées.

Dans l'exécution d'un morceau de musique, pour rendre la mesure plus sensible, on peut indiquer l'entrée de chaque temps par un mouvement de la main ou du pied. C'est ce qu'on appelle *battre la mesure.*

On distingue des *temps forts* et des *temps faibles.*

On appelle *temps forts* le premier temps dans les mesures à deux et à trois temps, et le premier et le troisième temps dans les mesures à quatre temps : les autres temps sont appelés *temps faibles.* Les temps reçoivent ces dénominations de *forts* et *faibles*, non que les uns aient plus de durée que les autres, mais parce que ceux qui sont appelés *temps forts* sont les principaux temps de la mesure, c'est-à-dire ceux qui se sentent le mieux.

OBSERVATION. Il faut se bien pénétrer de cette pensée que ce qu'on appelle un temps dans la mesure est une durée ou espace de temps, et que les mouvements que l'on fait lorsque l'on bat la mesure indiquent l'entrée de ces durées. Pour en donner un exemple sensible, supposons qu'une mesure à 4 temps ait la durée d'une heure et commence en même temps que l'heure ; le premier temps tombera au même moment que l'heure sonnera ; le second temps, au même moment que le quart sonnera ; le troisième temps, au même moment que la demi-heure sonnera ; et le quatrième temps, au même moment que les trois quarts sonneront.

CHAPITRE IX.

DES TONS ET DES MODES.

On a vu, au chapitre VII, que le ton est un intervalle; mais on entend encore par *ton* la position plus ou moins élevée de la gamme (¹) dans l'échelle musicale, et sa nature ou manière d'être. C'est dans cette dernière acception du mot *ton* que nous allons nous en occuper ici.

Il y a deux fois autant de tons qu'il y a en musique de sons essentiellement différents, chacun de ces sons pouvant servir de point de départ à une gamme qui peut être majeure ou mineure. Ces sons, comme on a déjà pu le remarquer, sont au nombre de douze, ce qui porte à vingt-quatre le nombre des gammes ou tons.

Echelle des douze sons essentiellement différents existant en musique.

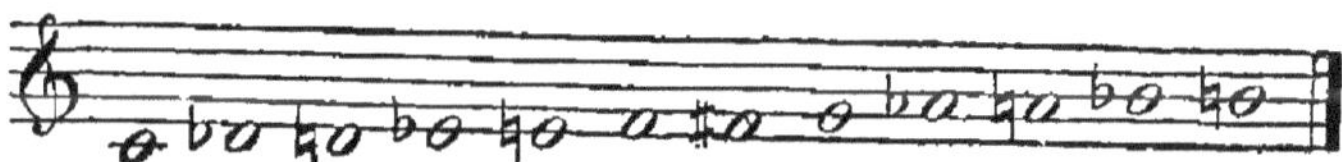

La note qui sert de point de départ à la gamme donne son nom au ton : ainsi, on dit d'un morceau de musique qu'il est dans le ton d'UT, ou de RÉ, ou de MI, selon que la première note de la gamme qui lui convient est un UT ou un RÉ, ou un MI. (Cette première note de la gamme s'appelle la *tonique*).

La qualité de majeure ou mineure de la gamme est ce qu'on appelle le *mode*.

---

(1) Toutes les fois qu'on dit *gamme* sans ajouter le mot *chromatique*, c'est de la gamme diatonique qu'il s'agit.

Il n'y a que deux modes, le *mode majeur* et le *mode mineur*. Ces deux modes diffèrent l'un de l'autre par la place des tons et demi-tons qui entrent dans la formation de la gamme.

Les gammes en mode majeur ont deux demi-tons placés, l'un de la troisième à la quatrième note, l'autre de la septième à la huitième (cette septième note s'appelle la *note sensible*). Entre les autres notes, il y a l'intervalle d'un ton.

Les gammes en mode mineur ont trois demi-tons placés, le premier de la deuxième à la troisième note, le second de la cinquième à la sixième, le troisième de la septième à la huitième. Entre les autres notes, il y a intervalle d'un ton, excepté de la sixième à la septième, où il y a intervalle d'un ton et demi. (Cette septième note s'appelle la *note sensible*).

La gamme où toutes les notes sont naturelles est la gamme d'UT *majeur*. On en a déjà eu un modèle au chapitre VII.

La gamme mineure qui renferme le moins d'accidents est la gamme de LA *mineur*. La voici :

Gamme de LA mineur.

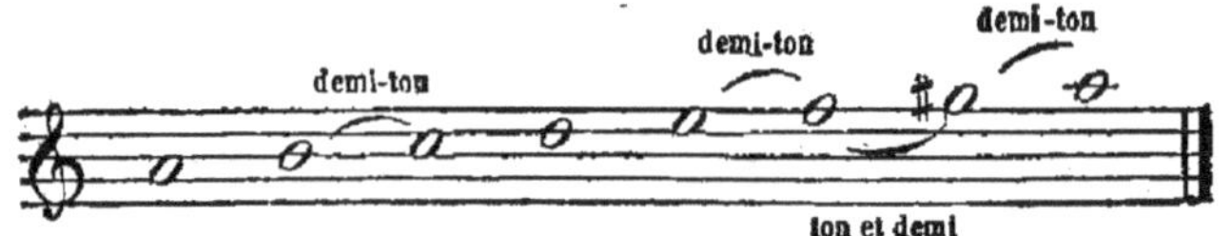

L'intervalle de la sixième à la septième note de la gamme mineure est un peu dur et difficile d'intonation. Pour l'éviter, il arrive souvent qu'on altère la gamme, en montant, en haussant la sixième note d'un demi-ton, et, en descendant, en baissant la septième note d'un demi-ton ; de cette manière :

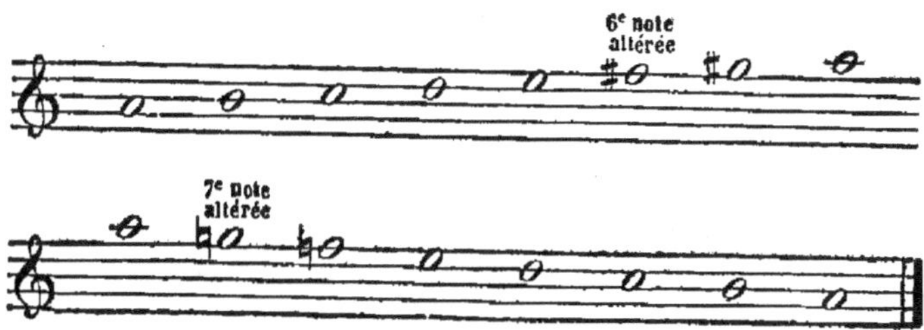

Les conditions de la gamme majeure et de la gamme mineure étant connues, il est facile, au moyen des dièses et des bémols, de construire des gammes majeures et mineures en commençant par d'autres notes que UT pour la gamme majeure, et LA pour la gamme mineure. Ainsi, pour avoir une gamme majeure en partant de la note SOL, il faudra que le FA soit ♯, c'est-à-dire altéré par un dièse.

Exemple :

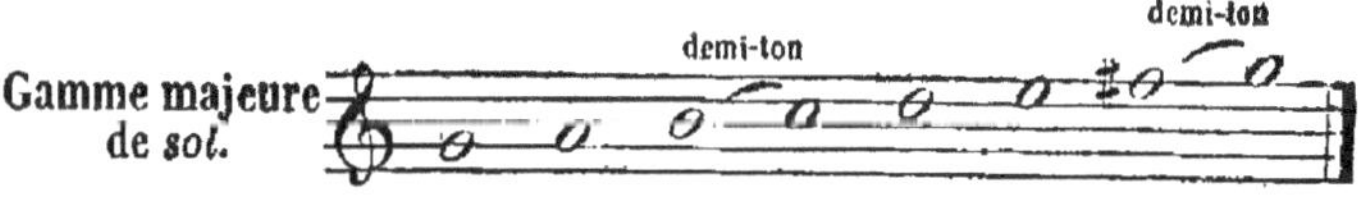

Pour avoir une gamme mineure en partant de la même note, il faudra que le SI et le MI soient ♭, et que le FA soit ♯.

Exemple :

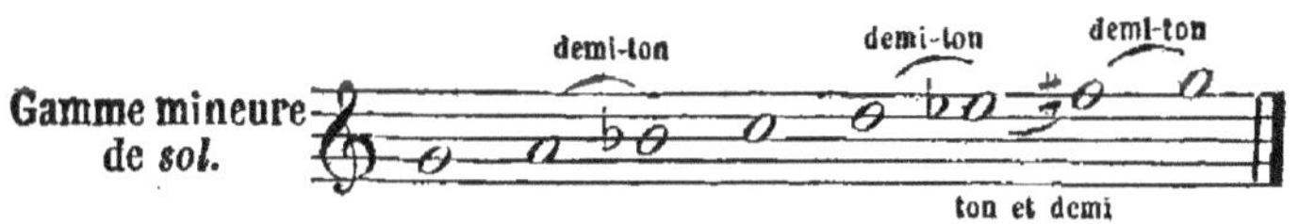

On voit, par tout ce qui vient d'être dit, qu'il n'existe au fond, en musique, que deux tons ou gammes, la gamme

2.

majeure et la gamme mineure. Toutes les gammes, autres que celles d'UT majeur et de LA mineur, ne sont que des répétitions de ces gammes à des degrés plus ou moins élevés.

Exemple de deux gammes, l'une en mode majeur, l'autre en mode mineur,
partant de la même tonique, faisant apercevoir la différence qui existe
entre la gamme majeure et la gamme mineure.

On voit que, dans le mode mineur, le troisième et le sixième degré sont un demi-ton plus bas que dans le mode majeur.

Les accidents qui entrent dans la composition des tons majeurs se placent à la clef au commencement du morceau de musique. De là, selon que la gamme entraîne avec elle 1, ou 2, ou 3, ou 4, ou 5, ou 6, ou 7 accidents, la clef est accompagnée de 1, ou de 2, ou de 3, ou de 4, ou de 5, ou de 6, ou de 7 accidents (¹).

----

(1) Il est inutile de dire que, les accidents placés à la clef faisant partie essentielle des tons qu'ils indiquent, leur effet a lieu pendant toute la durée du morceau, sur toutes les notes auxquelles ils appartiennent, sans qu'il y ait besoin de les répéter devant ces notes.

Il n'en est pas de même des accidents placés dans le courant du morceau; l'effet de ceux-ci n'a lieu que sur la note devant laquelle ils se trouvent placés, et sur celles de même nom qui suivent dans le reste de la mesure.

Ordre des dièses à la clef :

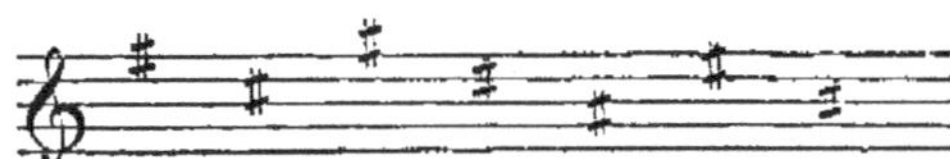

Ordre des bémols à la clef :

Les dièses et les bémols se placent à la clef toujours dans l'ordre que l'on vient d'indiquer ; c'est-à-dire que lorsqu'il s'y trouve un seul dièse, ce dièse appartient toujours au FA ; lorsqu'il y en a deux, ces deux dièses appartiennent toujours au FA et à l'UT, et ainsi de suite jusqu'au dernier : l'observation de la place des demi-tons dans les gammes amène ce résultat.

Tableau de tous les tons majeurs.

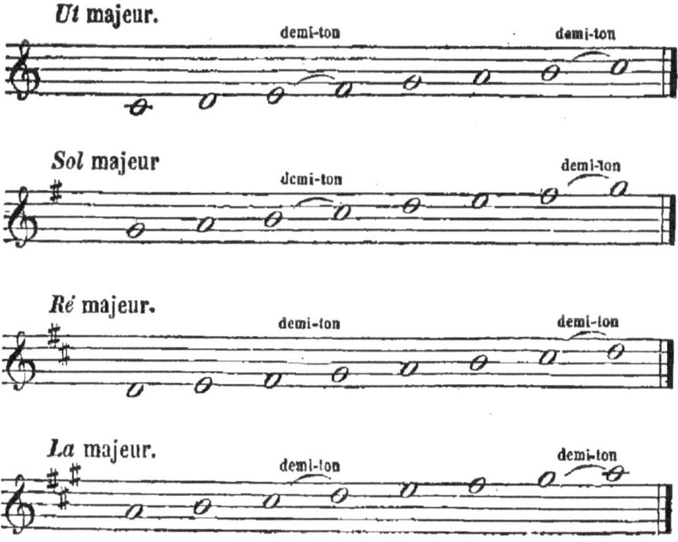

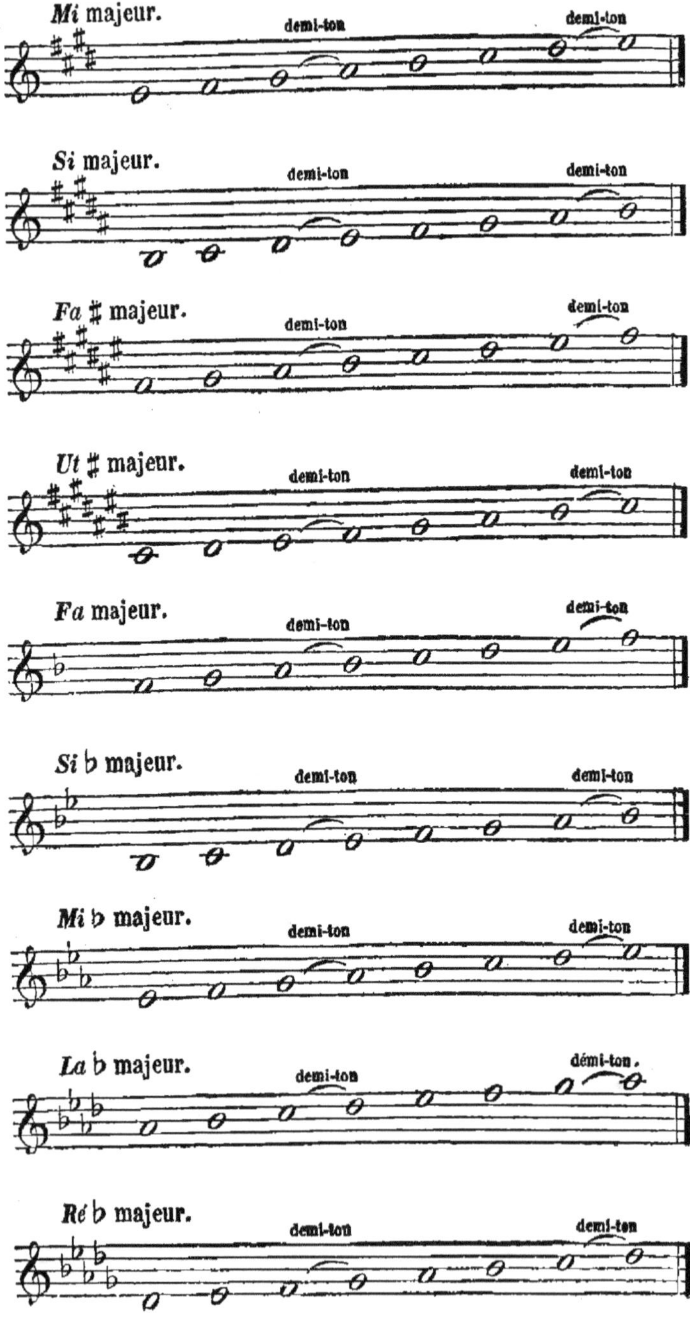

Mi majeur.
demi-ton
demi-ton
Si majeur.
demi-ton
demi-ton
Fa ♯ majeur.
demi-ton
demi-ton
Ut ♯ majeur.
demi-ton
demi-ton
Fa majeur.
demi-ton
demi-ton
Si ♭ majeur.
demi-ton
demi-ton
Mi ♭ majeur.
demi-ton
demi-ton
La ♭ majeur.
demi-ton
démi-ton.
Ré ♭ majeur.
demi-ton
demi-ton

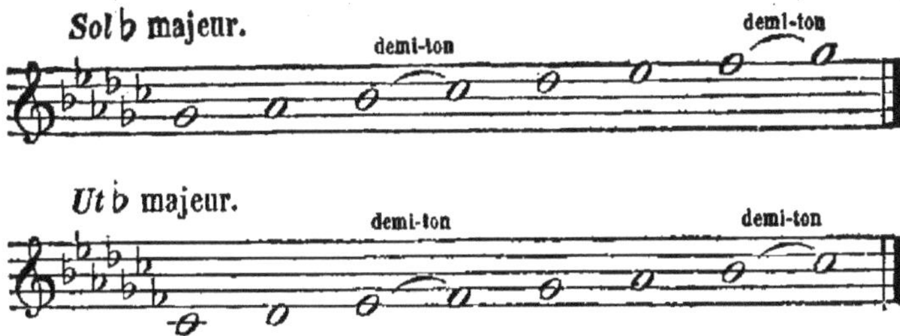

On aperçoit quinze gammes dans le tableau précédent; mais ces quinze gammes n'en font que douze par la raison que six d'entre elles se réduisent à trois. Ces six gammes sont la gamme de SI et la gamme d'UT ♭ qui n'en font qu'une ; la gamme de FA ♯ et celle de SOL ♭ qui n'en font qu'une; la gamme d'UT ♯ et celle de RÉ ♭ qui n'en font qu'une. On dit de ces gammes *qu'elles n'en font qu'une*, parce qu'elles produisent les mêmes sons, et qu'elles ne diffèrent que par le nom qu'on donne aux notes.

De même que pour les tons majeurs, les accidents qui entrent dans la composition des tons mineurs se placent à la clef au commencement du morceau de musique, en supposant toutefois la septième note de la gamme baissée d'un demi-ton (1). Ainsi, par exemple, dans le ton de LA mineur, on n'a point égard au SOL ♯, et on ne met à la clef aucun accident, comme dans le ton d'UT majeur ; dans le ton de SOL mineur, on n'a point égard au FA ♯, et on ne met à la clef que deux bémols, comme

---

(1) Sans entrer dans l'analyse des motifs qui ont amené cet arrangement, on peut dire que la note sensible du mode mineur, par sa suppression fréquente dans les phrases mineures, a pu être considérée comme note accidentelle, et, par cette raison, n'être point indiquée à la clef.

dans le ton de SI ♭ majeur; dans le ton d'UT mineur, le SI est supposé baissé d'un demi-ton, ce qui le rend bémol, et on met trois bémols à la clef, comme dans le ton de MI ♭ majeur.

Chaque manière d'être de la clef au commencement du morceau de musique, soit qu'elle soit seule, soit qu'elle soit accompagnée d'accidents, convient donc en même temps à un ton majeur et à un ton mineur.

Les deux tons qui s'indiquent à la clef de la même façon s'appellent *tons relatifs*, et la tonique du ton mineur se trouve être la même note que la sixième note de la gamme du ton majeur.

OBSERVATION. A l'inspection d'un morceau de musique il est facile de reconnaître en quel ton il est, sans avoir besoin de chercher entre quelles notes de la gamme les tons et demi-tons se trouvent placés. D'abord, on examine la manière d'être de la clef: quand elle est seule, le morceau est en *ut* majeur ou en *la* mineur; quand elle est accompagnée d'un ou de plusieurs accidents, le dernier dièse appartient à la note sensible du ton majeur, et le dernier bémol à la quatrième note de la gamme du ton majeur (la note sensible ou la quatrième note d'une gamme étant connue, on connaît nécessairement la tonique); et quant au ton mineur relatif, il est connu dès que l'on connaît le ton majeur, puisqu'on sait que le ton mineur a pour tonique la sixième note de la gamme du ton majeur relatif (1). Ensuite, pour savoir si le morceau est dans le ton majeur ou dans le ton mineur relatif, (car on ne peut être dans deux tons à la fois), on cherche si l'on rencontre dans les premières mesures la note sensible du ton mineur: d'ordinaire, la présence de cette note sensible indique qu'on est dans le ton mineur, et son absence fait voir qu'on est dans le ton majeur.

Pour exemple, supposons un morceau de musique avec trois dièses à la clef. Ces trois dièses, les voici : : le dernier devant appar-

---

(1) Pour trouver promptement cette sixième note, il vaut mieux compter, à partir de la tonique, trois notes dans l'ordre descendant, que d'en compter six dans l'ordre ascendant.

tenir, comme on l'a dit, à la note sensible du ton majeur, et la tonique du ton mineur devant être la sixième note de la gamme du ton majeur, le morceau sera en *la* majeur ou en *fa* ♯ mineur. Avec cette phrase :

on sera en *la* majeur; avec cette autre :

on sera en *fa* ♯ mineur, parce qu'on y rencontre la note sensible de *fa* ♯, qui est *mi* ♯.

CHAPITRE X.

DES INTERVALLES.

Les distances qui existent d'une note à une autre s'appellent *intervalles*, et reçoivent les noms de *seconde*, *tierce*, *quarte*, *quinte*, *sixte*, *septième*, *octave*, *neuvième*, *dixième*, etc.

La *seconde* est l'intervalle formé par deux notes marchant par degrés conjoints.

La *tierce*, la *quarte*, la *quinte*, la *sixte*, la *septième*, l'*octave*, sont l'intervalle formé par les deux notes extrêmes de trois, quatre, cinq, six, sept, huit notes marchant par degrés conjoints.

Au delà de l'octave, les intervalles sont la répétition de la *seconde,* de la *tierce,* de la *quarte,* etc.

C'est aux traités d'harmonie qu'il appartient de parler des intervalles sous le rapport de la simultanéité des deux notes qui les produisent, ainsi que de leurs différentes qualités et de leurs renversements.

CHAPITRE XI.

DES COULÉES, DES NOTES PIQUÉES ET DES SIGNES D'EXPRESSION.

On appelle *coulée* ou *liaison* une ligne courbe faite ainsi ⌢, que l'on place sur l'assemblage des notes qui doivent être exécutées d'une façon très liée.

Exemple :

C'est d'une *coulée* qu'on se sert pour lier deux notes
de même nom, de manière à ce que les deux n'en fassent
qu'une.

Exemple :

Dans la musique de chant, la coulée sert surtout à
unir les notes qui appartiennent à la même syllabe.

Exemple :

Les *notes piquées* sont des notes sur lesquelles on met
des points, et que l'on doit exécuter d'une manière déta-
chée, c'est-à-dire sans soutenir le son.

Exemple :

---

(1) Quand les notes arrivent en opposition avec les principales divisions de la mesure, et que leur durée est partagée par l'entrée de ces
principales divisions, comme cela a lieu dans cet exemple, on a ce
qu'on appelle *des syncopes*.

Quand les points sont allongés, les notes doivent être détachées avec fermeté.

Quand aux points on ajoute une coulée, cela veut dire que les notes doivent être accentuées sans sécheresse.

Notes piquées accompagnées d'une coulée.

Les *signes d'expression* servent à indiquer les nuances qu'on doit apporter dans la musique.

Les sons, comme on le conçoit bien, ne sont pas toujours de la même force ; ils sont plus ou moins forts, plus ou moins doux : ce sont ces différences qu'indiquent les signes d'expression.

Ce signe ◁ indique qu'il faut augmenter la force du son graduellement ; celui-ci ▷ indique qu'il faut la diminuer.

Ce signe > indique de prendre de suite avec une certaine force la note sur laquelle il se trouve.

Les autres signes d'expression sont des abréviations de mots italiens qu'on a adoptés, et qui sont en assez grand nombre. Voici la liste des principaux, avec leur définition et la figure de leur abréviation.

Forte	Fort.	*F.*
Fortissimo .	Très fort	*FF.*
Piano	Doux (c'est-à-dire avec peu de son). . .	*P.*
Pianissimo .	Très doux.	*PP.*
Mezzo-forte ,	Demi-fort.	*MF.*
Sforzando . .	En forçant	*SF* ou *FZ.*
Rinforzando.	En renforçant.	*RF* ou *Rinf.*
Crescendo . .	En augmentant la force peu à peu . . .	*Cres.*
Diminuendo.	En diminuant la force peu à peu. . . .	*Dim.*
Smorzando .	En éteignant	*Smorz.*
Calando. . .	En mourant.	*Cal.*
Forte-piano .	Avec force et de suite après avec douceur.	*FP.*
Dolce	Doux.	*Dol.*

CHAPITRE XII.

DU POINT D'ORGUE, ET DE QUELQUES AUTRES SIGNES.

Le *point d'orgue* ou *point d'arrêt* est un signe ainsi fait ⌢ , que l'on place sur une note ou sur un silence quand on veut suspendre la mesure. Quand il est sur une note, cette note doit être soutenue tout le temps que dure la suspension; quand il est sur un silence, la suspension n'est plus qu'un long silence. C'est au bon goût de l'exécutant de régler la durée de la suspension de mesure produite par le point d'orgue.

Il y a un signe qu'on appelle *les deux barres,* et qui sert à indiquer les divisions du morceau de musique. Les deux barres sont placées quelquefois dans le courant d'une mesure. Elles sont quelquefois accompagnées de points ; ces points indiquent qu'il faut exécuter deux fois la musique renfermée entre les barres qui se trouvent pointées.

A la fin d'un morceau de musique on place toujours les deux barres.

Figure des deux barres.

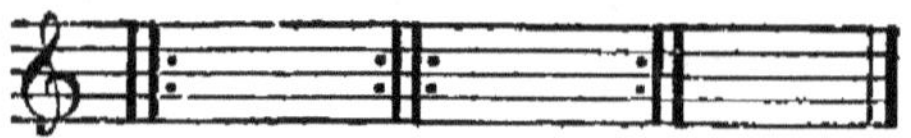

Ce signe ℁, qu'on appelle *renvoi*, indique qu'il faut, dans l'exécution, revenir là où il est répété.

Ce signe *D. C.*, qui est l'abréviation de *da capo*, qui veut dire *du commencement*, indique qu'il faut reprendre le morceau au commencement.

CHAPITRE XIII.

DES NOTES D'ORNEMENT ET DU TRILLE.

On fait usage, en musique, de petites notes qu'on appelle *notes d'ornement* ou *d'agrément*. La valeur de ces petites notes ne compte pas dans la mesure ; leur durée doit être prise sur la valeur des notes qui les avoisinent.

On distingue quatre espèces principales de notes d'ornement : les *petites notes simples,* les *appogiatures,* les *groupes* et le *mordant.*

Les *petites notes simples* précèdent les notes réelles, et doivent être exécutées avec beaucoup de rapidité. Ce sont celles qui n'appartiennent à aucune des trois autres catégories.

Petites notes simples.

La valeur de ces petites notes doit être prise sur la durée de la note qui les suit ; cependant quand il s'en trouve plusieurs de suite, on est quelquefois obligé de prendre la valeur des premières sur la durée de la note qui a précédé, afin de ne point trop retarder l'entrée de la note qui suit.

L'*appogiature* (du mot italien *appoggiare* qui veut dire *appuyer*) est une petite note qui se place à un degré au-dessus ou au-dessous de la note réelle, et que l'on doit appuyer et faire chanter d'une manière expressive.

La valeur de l'appogiature doit être prise sur la durée de la note qui la suit, et doit être de la moitié de la valeur de cette note ou à peu près. On donne ordinairement à l'appogiature la figure de la valeur qu'elle doit avoir ; c'est cela qui la distingue à l'œil de la petite note simple, sur laquelle on met ordinairement un trait.

Appogiatures.

Les *groupes* sont de petites notes disposées des diverses manières suivantes :

Les groupes doivent être exécutés rapidement. Dans les six premières figures qui précèdent, la valeur du groupe doit être prise dans la durée de la note qui le suit ; dans la septième, le groupe fait suite à la première note, et doit être exécuté dans sa durée.

Bien que toutes les figures de groupes indiquées ci-dessus soient réellement des groupes, quand on dit le *groupe* (en italien *grupetto*), on entend d'abord l'ornement ainsi formé :

Il y a un signe dont on se sert pour indiquer le groupe sans le secours des petites notes ; ce signe, le voici : ∾.

Quand le *groupe* est placé sur le point d'une note pointée, la manière ordinaire de l'exécuter est de faire arriver juste sur le point la dernière note du groupe.

Exemple :

Le *mordant* consiste dans deux ou quatre petites notes
placées devant une note réelle, la première et la troisième
étant au même degré que la note réelle, et la seconde et
la quatrième étant à un degré au-dessus.

On doit l'exécuter rapidement.

Exemple :

On l'indique le plus souvent par ce signe ∿.

Exemple :

NOTA. Le *mordant* est une espèce de fragment de trille.

Le *trille* ou *cadence* est un ornement qui consiste dans
le passage alternatif de la note sur laquelle on le dit placé
à une autre note à un degré au-dessus.

Ce passage alternatif, qui forme ce qu'on appelle des *battements*, doit être rapide, et doit durer toute la valeur de la note sur laquelle est placée cette abréviation *tr*, qui veut dire *trille*.

Le *trille* est habituellement suivi de petites notes qu'on appelle la *terminaison du trille*.

Exemple:

Le nombre des battements n'est point déterminé; il dépend du degré de rapidité que l'on veut donner au trille.

On rencontre quelquefois des ornements très étendus écrits en petites notes. La valeur de ces petites notes doit être prise sur la durée de la note qui précède.

Exemple:

Quelquefois ces petites notes font partie d'un point d'orgue : alors la mesure se trouve interrompue, et l'on observe pour les petites notes, à peu près, la valeur écrite de ces petites notes.

____

(1) On a mis ici un 9 pour indiquer que le temps est composé de neuf triples croches au lieu de huit.

Exemple :

━━━ ◆◆◆ ━━━

CHAPITRE XIV ET DERNIER.

DES MOUVEMENTS.

Les valeurs n'ont point de durée absolue : leur durée n'est que relative ; elle dépend du mouvement, de l'allure que le compositeur veut donner à sa composition, et qu'il indique au commencement du morceau par une expression italienne qu'on appelle elle-même le *mouvement*.

D'après cette indication, l'exécutant règle la durée que doit avoir chaque temps de la mesure.

TABLEAU DES PRINCIPALES INDICATIONS DE MOUVEMENT USITÉES,

avec leur signification, en commençant par le mouvement le plus lent.

Largo	Large, très lent.
Larghetto . . .	Moins lent que *largo*.
Adagio	Lentement, commodément.
Andantino . . .	D'une allure un peu lente.
Andante . . .	En marchant à l'aise, sans lenteur ni vitesse.
Moderato	Modérément.
Allegretto . . .	Assez gai, mais pas très animé.
Allegro	Gai, animé.
Vivace	Vif.
Presto	Très animé.

(1) Quand le signe qui indique le groupe est accompagné d'un accident, cet accident altère la note inférieure du groupe.

On se sert aussi, dans l'indication du mouvement, de certains mots qui viennent modifier la signification des expressions contenues dans le tableau précédent ; tels que : *assai*, qui veut dire beaucoup, *non troppo*, qui veut dire pas trop, etc.

Le mouvement est quelquefois indiqué *au Métronome* (1). Cette manière d'indiquer le mouvement a l'avantage de faire connaître d'une manière certaine le mouvement que le compositeur veut donner à sa musique.

Dans cette manière d'indiquer le mouvement, le compositeur met en tête de son morceau le numéro du balancier du métronome où il faudra fixer le contrepoids dont le balancier est accompagné, et il place à côté de ce numéro une valeur qui indique que c'est à cette valeur qu'il faudra appliquer la durée de chaque mouvement fait par le balancier du métronome. Ainsi, avec cette indication $\quarternote = 80$, on sait que les mouvements faits par le balancier du métronome dont on aura fixé le contrepoids au numéro 80 indiqueront la durée des noires.

----

(1) Appareil qui, au moyen d'un mécanisme, bat la mesure au degré de lenteur ou de vitesse qu'on désire.

SOLFÉGES PROGRESSIFS.

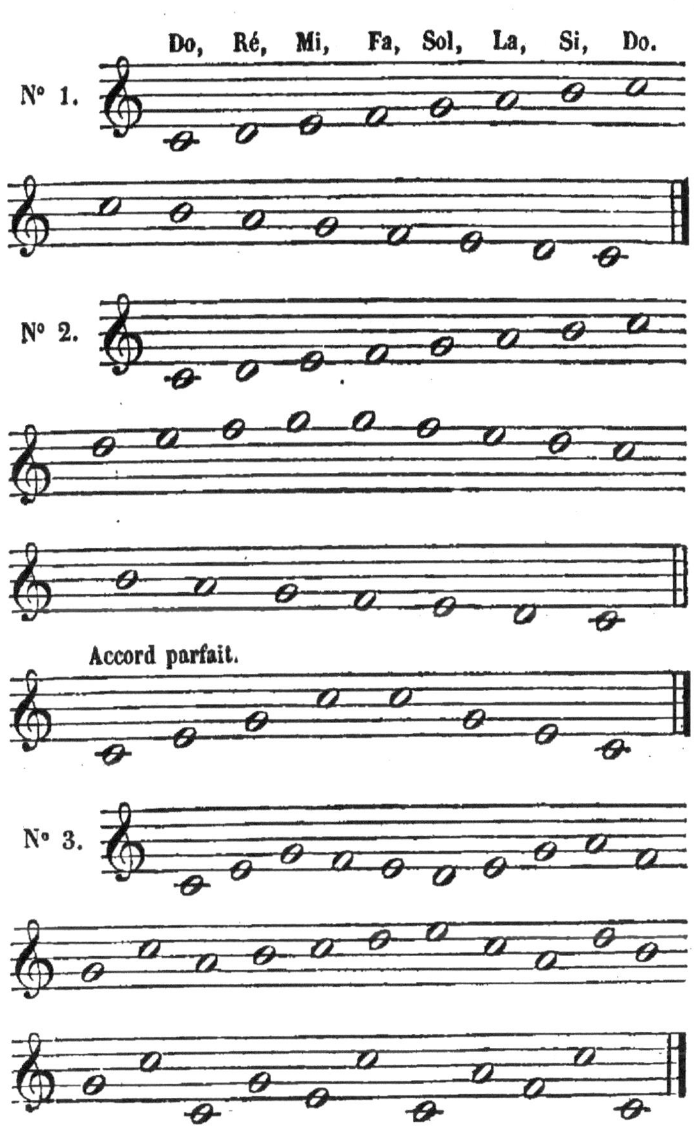

Nº 4.
Nº 5.
Nº 6.
Nº 7.

Nº 8.
Nº 9.
Nº 10.
Nº 11.

N° 12.
N° 13.
N° 14.

N° 15.

SOLFÉGES PRIS DANS DIFFÉRENTS AUTEURS.

(MESURES SIMPLES).

(MESURES COMPOSÉES.)
Larghetto.
(GOSSEC.)
N° 21.
Andantino.
(LE SUEUR.)
N° 22.
CODA.

Andante.
(PORPORA.)
N.º 23.
Allegro.
(GOSSEC.)
N.º 24.

SOLFÉGES EN D'AUTRES TONS QUE CELUI
D'UT MAJEUR.

Allegretto grazioso.
(Le Sueur.)
N° 27.
dolce.
cres.
F
PP
cres.
F
P
F
Adagio.
(Beethoven.)
N° 28.
rf

TABLE DES MATIÈRES.